Inhalt

Mitarbeiterportale - B2E ein neuer Trend?

Kernthesen

Beitrag

Fallbeispiele

Weiterführende Literatur

Impressum

GENIOS WirtschaftsWissen Nr. 06/2007 vom 08.06.2007

Mitarbeiterportale - B2E ein neuer Trend?

I.Lukmann

Kernthesen

- Mitarbeiterportale sind ein pragmatischer Ansatz um die Effizienz von Mitarbeitern eines Unternehmens zu verbessern. Dies wird durch den Zugriff auf ein aufgabenbezogenes Portal ermöglicht. Vorhandene Unternehmensinformationen und einige Bausteine zur Mitarbeiterkommunikation können auf diese Weise bereitgestellt werden.
- Mit Hilfe von integrierten Daten- und Informationsprozessen in Portalen kann das Wissen des Unternehmens besser genutzt werden. Auf diese Weise verbinden Mitarbeiterportale Anwender,

Informationen und Prozesse über Abteilungen und Bereiche hinweg und können damit dazu beitragen, Abläufe und Strukturen im Unternehmen zu optimieren.
- Unternehmen implementieren zunehmend so genannte Employee Self Services (ESS). Mitarbeiter können auf diese Weise ihre persönlichen Daten eigenständig eingeben und verwalten.

Beitrag

Mitarbeiterportale oder auch so genannte B2E-Portale (Business to Employee) ermöglichen es Mitarbeitern, einen gesicherten und globalen Zugriff auf unternehmensinternes Wissen zu erlangen. Damit sind unternehmensspezifische Informationen, Dokumente und auch Anwendungen gemeint, welche die Arbeit bzw. die Entscheidungsgrundlagen des einzelnen Mitarbeiters erleichtern können. Dabei kann der Mitarbeiter jederzeit und unabhängig von Zeit und Ort auf das Firmenportal zugreifen.

Hierfür verknüpfen Integrations- und Applikationsplattformen alle unternehmensspezifischen Informationen und machen diese dadurch schneller und einfacher zugänglich. Das unternehmensspezifische Wissen kann so auch fachübergreifend nutzbar gemacht werden und fördert so eine Vernetzung und Interaktion auf unternehmensweiter Ebene.

Vor allem für das Personalmanagement bieten Portallösungen eine enorme Erleichterung der operativen Arbeit. Die Arbeit des Personalmanagements in Unternehmen hat sich in den vergangenen Jahren sehr stark verändert. Dies bedeutet beispielsweise, dass Personaldaten unternehmensweit in Echtzeit vorliegen sollten, da nur auf diese Weise entsprechende Maßnahmen rasch umgesetzt werden können. (3), (11), (14)

Integration von personalwirtschaftlichen Unternehmensprozessen

Mitarbeiterportale unterstützen Unternehmen dabei, ihre Prozesse organisiert abzubilden. Hierzu gehören beispielsweise folgende Themenbereiche:

-Bewerberverwaltung
-Personalentwicklung, wie zum Beispiel Leistungsbeurteilungen von Mitarbeitern
-Reisekostenmanagement (Reiseanträge)

-Personalkostenplanung
-Erstellung von Reports
-Ermittlung von Schulungsbedarf
-Steigerung der Effizienz von Bewerbungsprozessen
-Urlaubsantrag
-Lohn- und Gehaltsnachweise
-Zeitwirtschaft

Dabei zielt der Grundgedanke von Mitarbeiterportalen darauf ab, alle Mitarbeiter in die personalwirtschaftlichen Prozesse zu integrieren. Die Zugriffsrechte auf personalwirtschaftlich relevante Informationen sind außerdem datenschutzrechtlich abgesichert. Je nach zugewiesener Rolle im Unternehmen erhält ein Mitarbeiter daher ausschließlich auf die Daten Zugriff, zu denen er eine entsprechende Berechtigung erhalten hat. Hierfür eignet sich ein rollenbasiertes Berechtigungsverfahren unter Zuhilfenahme aktueller Datenschutztechnologien wie zum Beispiel das Single-Sign-On-Verfahren (SSO). Dieses Verfahren unterstützt gleichzeitig eine einfache Benutzerführung sowie eine komfortable Rechte- und Benutzerverwaltung. Auf webbasierten Oberflächen können auf diese Weise mehrere Applikationen für den Mitarbeiter bereitgestellt werden. Diese sind über das SSO Verfahren personalisiert und bedarfsgerecht aufbereitet. Eine mehrfache Anmeldung bei den verschiedenen Anwendungen und Datenbanken ist somit nicht mehr notwendig. (3), (7), (11), (14)

Das Konzept des Employee Self Services (ESS)

ESS-Systeme ermöglichen Mitarbeitern über das Intranet eigene Personaldaten einzugeben und zu verwalten. Alle personenbezogen Daten wie zum Beispiel Adressänderungen, Reisekostenabrechnungen können so vom Mitarbeiter direkt gepflegt werden. Der Mitarbeiter übernimmt einen Teil der Verantwortung für seine Personaldaten. Dies entlastet die Personalabteilungen von Routinearbeiten. Die händische Erfassung von Formular-basierten Informationen wird geringer. Dies sichert außerdem eine schnellere Bearbeitung der Vorgänge. (1), (4)

Nutzen von Mitarbeiterportalen

Neben den bereits erwähnten Vorteilen von Mitarbeiterportalen lässt sich der Nutzen für Mitarbeiter auf folgende Punkte definieren:

-Die Mitarbeiterzufriedenheit kann gesteigert werden

-Die Druckkosten bei Informationsweitergabe können verringert werden
-Verbesserung der Abwicklung von Geschäftsprozessen
-Planbare sowie sinkende Kosten von Schulungen
-Schnellerer und effizienterer Zugang zu Verantwortlichen oder Spezialisten, deren Wissen von Mitarbeitern für bestimmte Arbeitsaufträge gesucht wird
-Verbesserung der Informationsstruktur (6), (11), (14)

Portale werden außerdem häufiger genutzt, wenn sie für Mitarbeiter sinnvolle Anwendungen beinhalten und eventuell auch attraktive Angebote anbieten. Das eigene Angebot des Unternehmens kann daher durch Fremdanbieter ergänzt werden. Hierzu gehören beispielsweise:

-Online-Shops, die exklusive Vorteile oder Rabatte für Mitarbeiter anbieten
-Fachwörter, Lexika, Rezensionen
-Online verfügbare Branchen- und Wirtschaftsinformationen (5)

Inhalte des B2E (Business to Employee)

Antiker Vorläufer des B2E ist das Schwarze Brett. Früher wurden auf diese Weise Informationen im Unternehmen verbreitet. Der Nachfolger heißt E-Workplace. Mit Hilfe des B2E wird so das ehemalige Schwarze Brett abgelöst. B2E beschreibt dabei die Interaktion zwischen Mitarbeitern und dem Unternehmen sowie dem Mitarbeiter und anderen Mitarbeitern. Dabei verfügt B2E nehmen der Informations- und Kommunikationsplattform noch über weitere Funktionen:

-Mitarbeiter-Selfservice: Verbuchung von Spesen, Arbeitzeitenkontrolle, Details zur Gehaltsabrechnung, Kauf von Visitenkarten
-Online-Telefonbuch: Hilfe bei der Suche nach Arbeitskollegen mit speziellem Wissen
-E-Learning: Mitarbeiterweiterbildung
-Content-Management: Firmenweite Zugang zu Wissen
-Kollaborationsanwendungen: Ablage von projektbezogenen Dokumenten.

B2E unterstützt fachliche Diskussionen wie in Online-Experten-Communities. Damit wird durch eine effiziente Bereitstellung von Informationen die Produktivität von Mitarbeitern gefördert. (9), (10), (12), (14)

Probleme bei der Umsetzung von B2E

Oftmals werden bei der Umsetzung von B2E Konzepten folgende Punkte übersehen:

-Verschiedene Anwendungen werden nicht miteinander vernetzt. So sind häufig mehrere Intranetseiten vorhanden. Oftmals fehlt der dahinter stehende Managementprozess, sodass entweder mehrfache oder veraltete Informationen zu finden sind.

-Fehlende Bekanntmachung von Informationen, die auf B2E abgelegt sind. Zum Beispiel ist ein Online-Chatroom zu spezifischen Expertenfragen nur dann sinnvoll, wenn dieser im Unternehmen auch ausreichend bekannt ist. (9), (10), (12), (13)

Vermeidung von E-Chaos im B2E

Einige Regeln sollten bei der Implementierung eines B2E-Umfeldes berücksichtigt werden. Die verschiedenen Anwendungen des B2E-Umfeldes sollten in einem einheitlichen System integriert werden. Hierfür ist eine Integrationsplattform wie ein

Portal eine sinnvolle Lösung. Ein Portal kann alle Anwendungen verbinden, ohne einzelne bestehende Anwendungen verändern zu müssen. Auf diese Weise wird ein E-Workplace geschaffen, an dem alle Mitarbeiter unabhängig von Ort und Zeit Zugriff auf Informationen und Anwendungen erhalten. Außerdem sollte im Rahmen der Umsetzung eines B2E Konzeptes auf Personalisierungsmöglichkeiten, Mitarbeiterbedürfnisse, Synergiepotenziale zwischen einzelnen Anwendungen oder regelmäßige Mitarbeiterbefragungen geachtet werden. (9), (10), (11), (12)

Fallbeispiele

S.Oliver hat die Einführung eines Mitarbeiterportals namens Sofia (S.Oliver föderative Integrations Architektur) umgesetzt. Grund hierfür war eine zunehmend komplexer werdende IT-Infrastruktur: In den vergangenen Jahren sind bei S.Oliver international etwa 1500 Datenschnittstellen, 380 Server und 30 Terabyte Daten entstanden. Das Portal Sofia beinhaltet beispielsweise Schulungen oder verschiedene Abbildungen von Prozessen. Mitarbeiter sollen durch das neue Mitarbeiterportal eine weltweite Nutzung von Geschäftsinformationen erhalten. Dies soll auch im Offline Modus möglich sein. Auf diese Weise können Vertriebsmitarbeiter beispielsweise Kundenaufträge annehmen, auch wenn keine Netzverbindung besteht. (2), (8)

Weiterführende Literatur

(1) Pflege der eigenen Personaldaten
aus Arbeit und Arbeitsrecht, Heft 3/2007, S. 161-163

(2) Das Portal als Wissensarbeitsplatz
aus Computerwoche, 17.11.2006, Nr. 46 Seite 36-37

(3) Zielgruppenspezifische Informationen und Services
aus "it&t-business" Nr. 11/06 vom 01.11.2006 Seite: 14

(4) SCHLANKERE PROZESSE DURCH SELBSTBEDIENUNGS-LÖSUNGEN FÜR DIE MITARBEITER Personalabteilungen ohne Formulare
aus IT Business, Heft 32/2006, S. 12

(5) Alles auf einer Seite Vom Bestellformular über aktuelle News und Termine bis zur digitalen Kundenkartei: Was moderne Portalsoftware mittelständischen Unternehmen bietet.
aus Impulse vom 01.11.2004, Seite 132

(6) Erlangen steigert Effizienz durch kommunales Mitarbeiterportal Bedienstete sparen Zeit ein
aus Government Computing, Heft 09/2004, S. 24

(7) 60 Prozent der Unternehmen planen Mitarbeiterportal Einfacher Zugang zum Formenwissen
aus Die SparkassenZeitung, 13.08.2004, Nr. 33, S. B7

(8) Konzerne setzen auf Mitarbeiterportale
aus Frankfurter Allgemeine Zeitung, 26.04.2004, Nr. 97, S. 19

(9) Die Evolution vom schwarzen Brett zum E-Workplace Neue Kollaborationsmöglichkeiten steigern die Effizienz und helfen, die Kosten zu senken Von Hendrik Lang und Sonia Sposito *
aus Neue Zürcher Zeitung, 04.02.2003, Nr. 28, S. 70

(10) Mitarbeiterportale als neuer Absatzweg
aus SCHWEIZER VERSICHERUNG vom September 2002 Seite 52

(11) Jäger, Wolfgang, Produktiv und zufrieden, Personalarbeit mit Hilfe von Internet und Intranet, Süddeutsche Zeitung, 11.05.2002, S. V1/26
aus SCHWEIZER VERSICHERUNG vom September 2002 Seite 52

(12) Geheimrezept Vernetzung
aus "Computerwelt" Nr. 41/01 vom 12.10.2001 Seite: 4

(13) B2E bei der Deutschen Post Der Gelbe Riese – Vorreiter im E-Commerce
aus BA Beschaffung aktuell, Heft 9, 2001

(14) Tor zur Ordnung Egal in welcher Abteilung: Die

Beschäfigten drohen, in der Datenflut zu ertrinken. Mitarbeiterportale versprechen Abhilfe und können für erstaunliche Produktivitätsschübe sorgen.
aus Handelsblatt Nr. 154 vom 13.08.01 Seite n05

Impressum

Mitarbeiterportale - B2E ein neuer Trend?

Bibliografische Information der deutschen Nationalbibliothek

Die Deutsche Nationalbibliothek verzeichnet diese Publikation in der deutschen Nationalbibliografie; detaillierte bibliografische Daten sind im Internet über http://dnb.d-nb.de abrufbar.

ISBN: 978-3-7379-0198-7

© 2015 GBI-Genios Deutsche Wirtschaftsdatenbank GmbH, Freischützstraße 96, 81927 München, www.genios.de

Alle Rechte vorbehalten. Dieses Werk ist einschließlich aller seiner Teile – z.B. Texte, Tabellen und Grafiken - urheberrechtlich geschützt. Jede Verwertung außerhalb der Grenzen des Urheberrechtsgesetzes bedarf der vorherigen Zustimmung des Verlags. Dies gilt insbesondere auch für auszugsweise Nachdrucke, fotomechanische Vervielfältigungen (Fotokopie/Mikroskopie), Übersetzungen, Auswertungen durch Datenbanken

oder ähnliche Einrichtungen und die Einspeicherung
und Verarbeitung in elektronischen Systemen.